डियर हिल ट्रेन

सनी चन्देल

notionpress
.com

INDIA · SINGAPORE · MALAYSIA

Notion Press Media Pvt Ltd

No. 50, Chettiyar Agaram Main Road,
Vanagaram, Chennai, Tamil Nadu – 600 095

First Published by Notion Press 2022
Copyright © Sunny Chandel 2022
All Rights Reserved.

ISBN 979-8-88530-310-1

स्वर्गीय माँ जी को समर्पित

अंतर्वस्तु

ख़्वाबों के दरमियान से

एक किताब लिखने का ख़्वाब पूरा करने के लिए,सच कहूँ तो मुझे बहुत सारे छोटे छोटे ख़्वाबों को मिलाना पड़ा। बहुत सारे ख़्वाबो को मिलाया तब स्याही के ईंधन से कागज़ की पटरी पर उतरी...

डियर हिल ट्रेन

एक ऐसी किताब, जो हिल ट्रेन के जैसे ही, जीवन की पटरी पर सपनों का धुँआ और यादों की महक छोड़ते हुए, संभलते संभलते, हौले हौले, बर्फ़ के पहाड़ों की तरफ दौड़ पड़ती है। जब थकती है तो वादों के स्टेशन पर रुक भी जाती है, ख़्वाब के मुसाफिरों को बैठाती है और अपने लक्ष्य की तरफ बढ़ जाती है।

पर आते जाते कुछ सीखा भी जाती है, काली सुरंगें हो, बर्फ के पहाड़ हो या मात्र एक रेल पटरी हो,जीवन में भले धीरे धीरे चलो मगर हमेशा चलते रहो।

एक दिन मंजिल के स्टेशन पर, हिल ट्रेन विजय की सीटी अवश्य बजाएगी।

कभी कभी या फिर अक्सर ,इस बात पर भी मुझे बेपनाह शक हैं। हाँ,मगर फिर भी शायद अक्सर, मैं ख़्वाबों से अक्सर पूछता रहता हूँ -" क्या उनको समझा जा सकता है?"

ख़्वाब भी आँखें मूँदकर यही कहा करते हैं-"हाँ हमें समझा जा सकता है, कभी आँखें बंद करके तो कभी आँखें खोलकर।" पता नहीं, ख़्वाब ना हो गये, कोई शर्मीली सी खूबसूरत लड़की हो गये, जिन्हें समझना और सोचना ज्यादा जरूरी हैं, न कि छूना।

मैंने यही किया, उन्हें सोचा भी और समझा भी, आँखें मूँद कर भी, आँखें खोलकर भी। आँखें बंद कर के जो समझ सका, उससे ये गीत बुन दिये, आँखें खोलकर जो समझ सका, उससे ये किताब बुन दी गयी।

मुझको ऐसा लगता हैं, अहसासों को समझना, शब्दों अल्फाजों को मिलाकर, गीतों की रचना करना और सबसे अहम बात की पिरोये गए शब्दों में, सुर ताल का होना - यह सब ईश्वर की ही देन हैं। आपको कोई सीखा नहीं सकता मगर आप खुद सीख सकते हैं। मेरी नजर में कला को समझना, एक अलग किस्म की कला हैं और कला को सीखना, एक दूसरी किस्म की कला है ।

एक बात और रखना चाहूँगा की, शब्द और जज्बात, हम सभी के पास होते हैं मगर जज्बातों की कद्र हम सब के पास नहीं होती हैं।

जज्बातों की इसी कद्र को मैं कला समझता हूँ।

मेरी कला का कोई मजहब धर्म नहीं हैं । हाँ, लिहाज शर्म जरूर है, अहसास हैं, ख़्वाब हैं, नजदीकियां हैं, यादें हैं, आँसू हैं, लम्हे हैं, बर्फ़-पहाड़-झरने भी हैं, मोहब्बत भी हैं, अपना भारत भी हैं ,मैं भी हूँ, आप भी हैं और खूबसूरती भी हैं, अगर खूबसूरती नहीं भी हैं तो भी खूबसूरत अहसास तो हैं ही अपने पास।

किताब शुरू करने से पहले, एक आखिरी बात - मुझे शायर या कवि मत समझियेगा, गीत लिखता हूँ, गीतकार ही समझियेगा।

जय हिंद, जय भारत

15 अगस्त, 2021
सनी चन्देल
कांगड़ा, हिमाचल प्रदेश, भारत

लिखूँ मैं क्या
मुझे कुछ समझ नहीं है
सुनाऊँ मैं क्या
कोई ग़ज़ल नहीं है

और मैं शायर बन रहा हूँ
किसी से कुछ कहना चाह रहा हूँ
सभी से कुछ कहना चाह रहा हूँ

और मैं शायर बन रहा हूँ

1

सोलन शिमला की हिल ट्रेन

अगर रेल की पटरी के पास
मेरा घर होता
तो सोलन और शिमला के बीच
मेरा सफर होता

सोलन स्टेशन पर
हिल ट्रेन पे चढ़ता
शिमला स्टेशन पर
हिल ट्रेन से उतरता

अगर रेल की पटरी के पास
मेरा घर होता
तो सोलन और शिमला के बीच
मेरा सफर होता

जब इंजन के धुंये से
सारा आसमान ढक जाता
मैं आसमान में बादल
ढूँढते ढूँढते थक जाता

हाँ धड़ धड़ जमीन हिलने का
जरा डर होता
अगर रेल की पटरी के पास
मेरा घर होता

कूँ कूँ की आवाज सुनते ही
मैं खुश हो जाता
भागते हुये
घर की छत पर पहुँच जाता

काश रेल इंजन हमेशा के लिए
मेरे घर के पास ही रुक जाता

मैं भी इंजन जैसा
निडर होता
अगर रेल की पटरी के पास
मेरा घर होता

छुक छुक की आवाज़
मैं बाजार से भी सुन लेता हूँ
हिल ट्रेन देखने का ख़्वाब
मन ही मन बुन लेता हूँ

हिल ट्रेन के इंतज़ार में
स्टेशन की बेंच पर
दिन भर सोता

अगर रेल की पटरी के पास
मेरा घर होता
तो सोलन और शिमला के बीच
मेरा सफर होता

2

एक लड़की को चाँद नापसन्द है

एक लड़की को चाँद नापसन्द है
उसका हर ख़्वाब मुझे पसन्द है

एक लड़की को चाँद नापसन्द है

उसका दिल
ख़्वाबों के दरमियान है कहीं
उसके ख़्वाब तो हैं
पर ख़्वाबों के नाम हैं नहीं

इक छोटी सी बाली उसको पसन्द है
पर बाली सा चाँद नापसन्द है

एक लड़की को चाँद नापसन्द है
उसका हर ख़्वाब मुझे पसन्द है

अपने ही
इक ख़्वाब से रहती तंग है
चाँद को समझे
उड़ती चमकती पतंग है

इस बात से चाँद रजामंद है
पर मेरे चाँद को चाँद नापसन्द है

एक लड़की को चाँद नापसन्द है
उसका हर ख़्वाब मुझे पसन्द है

एक लड़की को चाँद नापसन्द है

3

इक हरी भरी सी परी

इक हरी भरी सी परी
डरी डरी सी उड़ी
चाँद के नीचे सोयी थी
घन ख्यालों में खोयी थी

इक हरी भरी सी परी
डरी डरी सी उड़ी

तेरे साथ मुझे
इक लम्हा ही सही
तू साथ है तो
मैं तन्हा भी सही

सुन हरी भरी
बादल की परी
वो तेरा हुआ
जिसे छूकर उड़ी

इक हरी भरी सी परी
डरी डरी सी उड़ी

इक तमन्ना सी
दिल में उठती है कहीं
कहीं तुम
मेरा ख़्वाब ही तो नहीं

सुन नींद भरी
नन्ही सी परी
वो तेरा हुआ
जिसे छूकर उड़ी

इक हरी भरी सी परी
डरी डरी सी उड़ी
चाँद के नीचे सोयी थी
घन ख्यालों में खोयी थी

4

गहना चाँद का

सब गया सब गया आसमान का
तूने पहना ही क्यूँ गहना चाँद का
रब कहाँ अब रहा किसी काम का
तूने पहना ही क्यूँ गहना चाँद का

कपड़ा छिन गया आसमान का
तूने पहना ही क्यूँ गहना चाँद का

तकिये के धागों में
तेरी बाली फंसी मिली
मेरी पुरानी किताबों में
तेरी बाकी की हंसी मिली

पन्ना पलटा तेरी मुस्कान सा
तूने पहना ही क्यूँ गहना चाँद का

मेरी खिड़की से दिखती बहारों में
तू होकर मलंग हँसी
तेरी छत की खाली तारों में
मेरे दिल की पतंग फंसी

मैंने पतंग पर लिखा फरमान था
तूने पहना ही क्यूँ गहना चाँद का
सब गया सब गया आसमान का
तूने पहना ही क्यूँ गहना चाँद का

पहले मैं भी कभी इन्सान था
अब तीर हूँ तेरी कमान का
सब गया सब गया आसमान का
तूने पहना ही क्यूँ गहना चाँद का

5

ये ऊँचे बूढ़े अकेले दरख़्त

ये ऊँचे बूढ़े दरख़्त
बूढ़ों के जैसे
सब कुछ समझते हैं

ये ऊँचे बूढ़े दरख़्त
पत्तों की इमारतें ही तो हैं
शाखों की मंजिलें हैं
फलों की इबारतें भी तो हैं

ये ऊँचे बूढ़े दरख़्त
बूढ़ों के जैसे
सब कुछ समझते हैं

मै बैठा हूँ
इन दरख़्तों के पैरों पर
ये सब के सिर पर
हाथ भी रखते हैं

ये अकेले दरख़्त
बस गिरने से डरते हैं

मैं बैठा हूँ
इन दरख़्तों के तनो पर
ये ऊँचे बूढ़े दरख़्त
धूप में भी पनपते हैं

इन पर
बर्फ़ के फाहे भी उतरते हैं
ये ख़ामोश रहकर
हर मौसम मे निखरते हैं
बहुत कुछ लिखा हैं इनके पत्तों पर
इन पर मौसम के निशान भी हैं
ये तो ख़ामोश खड़े इंसान ही हैं

ये ऊँचे बूढ़े दरख़्त
उगते सरेआम ही हैं

इनके सूखकर गिरे पत्तों में
परिंदों के पंख भी मिलते हैं

ये ऊँचे बूढ़े दरख़्त
बूढ़ों के जैसे
सब कुछ समझते हैं

ये ऊँचे बूढ़े दरख़्त
हरे पहाड़ो पर सरेआम रहते हैं
ये बेचारे अकेले दरख़्त
हमेशा परेशान रहते हैं

ये ऊँचे बूढ़े अकेले दरख़्त
बूढ़ों के जैसे
सब कुछ समझते हैं

6

हिम के देश में

पहाड़नो ने हाथ रखें
कच्चे पक्के सेब पे
सेब चखने परियां उतरें
हिम के देश में

हरे सेब पर पड़ गयी झुर्रियां
झुर्रियों में हल्की ओस बही

पूरे पहाड़ पर खनके चूड़ियाँ
शॉल ओढ़कर पहाड़ने घर लौट गयीं

पत्तियां सोना लगे
गद्दन के केस में
सेब चखने परियां उतरें
हिम के देश में

सोलन दी छोरी
सारया ने खरी सारया ने चंगी

चम्बे मिंजरा दे मेलया चे
बड़ी भारी भीड़ बड़ी भारी तंगी

कांगड़े खट्टी बड़ी अम्बी
शिमले नूर फिरे
चले घाट घाट चक्की

स्पीति कदे बर्फ़ नहीं मुकदी
ऊना बोले बोली
पंजाबी कंठ दी

पूरा पहाड़ छिपा
सफेद सोने की सेज में
सेब चखने परियां उतरें
हिम के देश में

मंडी घुम्मी घुम्मी जुत्ती जांदी थक्की
हमीरपुरे बिलासपुरे चुबदी बड़ी मक्की

धर्मशाला रास्ते जेयो
मी बड़ा पतंगी
कुल्लू किन्नौर
हवा चलदी शंखी
सिरमौर छकन मिलदी
आड़ू कने पंखी

दुपटटे में बंधी मिली पूड़ियां
हिमाचल के खेत में
सेब चखने परियां उतरें
हिम् के देश में

7

मै ख्यालों का शायर हूँ

मैं ख्यालों का शायर हूँ
मेरे ख्याल मेरे संदेश हैं
तेरे पास मेरे संदेश हैं
मेरे पास तेरे संदेश हैं

तेरे ख्यालों का क़ायल हूँ
मैं ख्यालों का शायर हूँ

कुछ कहना मुझे आता ही नहीं
बस सोचकर लिखता रहता हूँ

मैं तुमसे कभी मिल पाता नहीं
अपने आप से मिलता रहता हूँ

धुँए में उड़ता बादल हूँ
मैं ख्यालों का शायर हूँ

हर ख़्वाहिश चाँद से जोड़ दी हैं
मैंने किश्ती ख्वाब में छोड़ दी हैं

कुछ ख़्वाब ही तेरे काबिल हैं
हर ख़्वाब में पर तू शामिल हैं

मैं ख़्यालों का शायर हूँ
ख्वाबो से भरे संदेश हैं
तेरे पास मेरे संदेश हैं
मेरे पास तेरे संदेश हैं

मैं ख्यालों का शायर हूँ
हाँ
मैं ख्यालों का शायर हूँ
तेरे ख्वाबो का कायल हूँ

8

काश वो लड़की मुझकों मिल जाये

यूँ ही आते जाते
कभी जो मुझसे मिलने आ जाये
काश
वो लड़की मुझको मिल जाये

जिसे पाने के लिये
अलग किस्म की जंग छिड़ जाये
रब ख़ुदा से लड़ पड़े
ख़ुदा रब से भिड़ जाये

काश
वो लड़की मुझको मिल जाये

जिसे देखकर रेल बिन पटरी
कई मीलों दूर निकल जाये
स्वर्ग को मिल जाये अप्सरा
जन्नत को हूर मिल जाये

काश
वो लड़की मुझको मिल जाये

जिसे सोचते ही
वो सामने से आती दिख जाये
काश
वो लड़की मुझको मिल जाये

यूँ ही आते जाते
कभी जो मुझसे मिलने आ जाये
काश
वो लड़की मुझको मिल जाये

9

मेरी तलाश कर रहे हो

आँखें मूँदकर
मेरी तलाश कर रहे हो
की नमाज़ कर रहे हो

मासूम लबों गुल पर
नई ओस पल रही हैं
खुशबुएँ गेसुओं की
कई कोस चल रही हैं

यूँ खामोश रहकर
कुछ आलाप कर रहे हो
मेरी तलाश कर रहे हो

ये काठी काठी जुल्फें
माथा ढक रहीं हैं
जज़्बाती धड़कनें
आधा थम रही हैं

यूँ आगोश सहकर
क्या जनाब कर रहे हो
मेरी तलाश कर रहे हो

बारिश से सजे गालों पर
मेरा हाथ लग ना जाये
तेरे मासूम ख्यालों पर
मेरी बात लग ना जाये

अपने आप से
मेरी बात कर रहे हो
मेरी तलाश कर रहे हो

इश्क़ की परछाईयाँ
तेरी माशूक़ लग रही हैं
इन्हें सायें से मिटा दो
बड़ी बेवकूफ़ लग रही हैं

कुछ सोच सोचकर
मेरे प्यार डर रहे हो
मेरी तलाश कर रहे हो

10

मुझे तंग करने लगी हो

बच बचकर
मुझसे चलने लगी हो
तुम मुझे
तंग करने लगी हो

पहले भी
तंग मुझे करती रही हो
अब मुझे
तंग करने लगी हो

अपनी ही
कभी तुम रहती नहीं हो
मेरी भी
कभी हो सकती नहीं हो

देखकर मुझको रुकती नहीं हो
इतना भी कभी समझती नहीं हो

सच कहकर
मुझसे टलने लगी हो
तुम मुझे
तंग करने लगी हो

होकर दिल सा मासूम
दिल सोच रहा हैं
तेरे दिल में
मुझे दिल खोज रहा है

अब सबसे
मोहब्बत करने लगी हो
तुम मुझे
तंग करने लगी हो

बच बचकर
मुझसे चलने लगी हो
तुम मुझे
तंग करने लगी हो

11

मुझ पर हँसती हो

जब बात नहीं तुम करती हो
लगता है कि मुझ पर हँसती हो

तुमसे बात मेरी मैं कर भी लूँ
तुम बात मेरी पर हस दोगी
तुमसे ख़्वाब मेरे मैं कह भी दूँ
तुम ख़्वाब मेरे रख लोगी

तुम ख़्वाब नहीं भी रखती हो
तब भी ख़्वाब मेरे पर हँसती हो
जब बात नहीं तुम करती हो
लगता है कि मुझ पर हँसती हो

मैं बात तुम्हारी सुन भी लूँ
तुम कहना ही बन्द कर दोगी
प्यार भरे मेरे ख़्वाबों में
तुम रहना ही बन्द कर दोगी

जब पास मेरे तुम रहती हो
लगता है कि मुझको सहती हो
जब बात नहीं तुम करती हो
लगता है कि मुझ पर हँसती हो

12

और कुछ तुमसे भी

और कुछ तुमसे भी
और कुछ हमसे भी
साँसों से भी
अहसास गुजरा करते हैं

इश्क़ कहने से
इश्क़ करने से
आप ही मुकरा करते हैं

हम मिलने से
पहले भी मिले हैं
पहले तो
हम कभी नहीं मिले हैं

पर मेरे ख़्वाबों से भी
दिल के बहावो से भी
आप ही गुजरा करते हैं

इश्क़ कहने से
आप ही मुकरा करते हैं

जब तुमसे मिलता हूँ
तब खुद से मिलता हूँ
तुम नहीं होती तो
हम दोनो से मिलता हूँ

रोज तुमसे भी
खुद से भी
हाल तुम्हारा ही पूछा करते हैं

इश्क़ कहने से
आप ही मुकरा करते हैं

और कुछ तुमसे भी
और कुछ हमसे भी
साँसों से भी
अहसास गुजरा करते हैं

13

तेरे पास ही आना है

मैंने चुपचाप नहीं आना है
साथ खामोशी के आना है
मुझे जैसे भी आना है
तेरे पास ही आना हैं

मुझे
बस तेरे पास ही आना है

हर रास्ते पर
तेरी खुशबू उड़ी हैं
मैं भी उड़ा हूँ
तू भी उड़ी है

मुझे वैसे भी
तेरे साथ उड़ जाना है
मुझे वैसे भी
तेरे पास ही आना है

तेरी आँखों में मैंने
मेरी आरजू पढ़ी है
मैं खुद से लड़ा हूँ

तू भी तुझसे लड़ी है

मैंने वैसे भी
मज़ाक मज़ाक में लड़ जाना है
मुझे ऐसे भी
तेरे पास ही आना है

मैंने चुपचाप नहीं आना है
साथ खामोशी के आना है
मुझे जैसे भी आना है
बस तेरे पास ही आना है

14

और मैं शायर बन रहा हूँ

सुनाऊँ मैं क्या
कोई ग़ज़ल नहीं हैं
लिखूँ मैं क्या
मुझे कुछ समझ नहीं है

और मैं शायर बन रहा हूँ
किसी से कुछ कहना चाह रहा हूँ

एक तमन्ना सी
दिल में उठती है कहीं
कहीं तुम
कोई ख़्वाब ही तो नहीं

और मैं बादल तले छुप रहा हूँ
और मैं शायर बन रहा हूँ

तुमको चाहा है
ख्वाबों में छुपकर
तुमको माना है
रब से भी ऊपर

मैं बड़ी मुश्किल से बन रहा हूँ
हाँ मैं शायर बन रहा हूँ

सुनाऊँ मैं क्या
कोई ग़ज़ल नहीं हैं
लिखूँ मैं क्या
मुझे कुछ समझ नहीं है

और मैं शायर बन रहा हूँ
किसी से कुछ कहना चाह रहा हूँ

15

इक ख़्वाब बड़ा अनोखा है

इक ख़्वाब बड़ा अनोखा है
अब तक सच होने से रोका है

सोच रहा हूँ कह देता हूँ
अभी ख़्वाब कहने का मौका है

हमने बड़ी मुश्किल से खींचकर
चाँद के नीचे चारपाई की
चाँद पर हम बिगड़े भी
चाँद को लात दिखाई भी

चाँद तक पहुँचने से
हमे चाँद ने ही रोका है
अनोखा है
ये ख़्वाब बड़ा अनोखा है

जैसे बार बार कह लेने से
हर अल्फ़ाज सुधर जाता है
वैसे ही बार बार आने से
चाँद भी मुकर जाता है

चाँद के ऊपर शायद
चाँद का ही बोझा है
अनोखा है
ये ख़्वाब बड़ा अनोखा है

हमने सच होने से रोका है

16

धागों का चाँद

एक पुरानी दरी पर
धागों का चाँद रहता था
उधड़े धागें
वापस सिलने को कहता था

एक पुरानी दरी पर
बड़ी मुश्किल से
धागों का चाँद रहता था

बुनकर ने दरी पर
धागों का चाँद बिछाया
चाँद ठहरा तो दिया
मगर चला नहीं पाया

धागों का था चाँद
रेशम का आँसू भी बहता था
एक पुरानी दरी पर
धागों का चाँद रहता था

कुदरत ने बड़ी तरकीब से
आसमान पर चाँद लगाया

चलना सिखाया
मगर बाँध नहीं पाया

बेहद अजीब था धागों का चाँद
ख्वामख्वाह के इंसान सहता था
एक पुरानी दरी पर
धागों का चाँद रहता था

17

शायद आपसे नहीं

शायद आपसे नहीं
आपके ख़्वाब से मिले थे
खुशी थी मिलने की
ना मिलने के गिले थे

ख़्वाब समझना है तो
ख़्वाब से मिलना होगा
कुछ देर चलना होगा
कुछ देर गिरना होगा

सोये पड़े थे
जाने किससे सिले थे
शायद आपसे नहीं
आपके ख़्वाब से सिले थे

एक दो साँसें रुक जाने से
जीवन का इंतकाल नहीं होता
यूँ चलते चलते रुक जाने से
हर किसी का इंतज़ार नहीं होता

यूँ रुकते चलते
जाने किनसे गिले थे
शायद आपसे नहीं
आपके ख़्वाब से गिले थे

खुशी थी मिलने की
ना मिलने के गिले थे
शायद आपसे नहीं
आपके ख़्वाब से मिले थे

18

मुझसे नजरें मिलाना

अगर झूठ कहना हो तो
मुझे कुछ मत बताना
अगर सच कहना हो तो
तब भी कुछ मत बताना

अगर कुछ कहना हो तो
मुझसे नजरें मिलाना
फिर सब बताना

ठंडे चिरागों पर
बामुश्किल लौ जलाई है
जलाने से पहले
कई बार बुझाई है

यूँ पहले जलाकर
मुझे मत बुझाना
मुझसे नजरें मिलाना
फिर मुझे बुझाना

नजरें तुम्हारी
मैं समझ नहीं पाया हूँ

तुमसे छीनकर
मुझे ला नहीं पाया हूँ

यूँ ख़्वाब दिखाने के लिए
मुझे मत जगाना
मुझसे नजर मिलाना
तब मुझे जगाना

19

जाने क्यूँ

जाने क्यूँ
मैं तुम्हें आँखों से समझता हूँ
तेरी आँखों में
मैं भी हूँ मेरा अक्स भी

ताजी बारिश की महक में
तेरी महक घुल रही हैं
शरमाई सी गीली नजर से
मेरी नजर मिल रही है

जाने क्यूँ
तेरी बातों से डरता हूँ
तेरी बातों में
मैं भी हूँ तेरे लफ़्ज भी

तू चीड़ तले घर बनाकर
सोये सोये मुस्कराती है
वापस पहाड़ो से आकर
सोने चली जाती है

जाने क्यूँ
तेरी यादों से ठहरता हूँ
तेरी यादों में
बस तू है मेरा हक भी

अभी चाँद की परछाई
मुझसे दोस्ती करने आई
लेकिन मेरे दिल ने चाही
तेरी दी तनहाई

जाने क्यूँ
तुम्हें दोस्त समझता हूँ
मेरी दोस्ती में
बस तू है तेरे नक्श भी

किताबों से महक उठ रही है
तू किताबों में मुझे दिख रही है
मैं अब तुझे लिख रहा हूँ
तू बस मुझे लिख रही है

जाने क्यूँ
तुम्हें किताब समझता हूँ
मेरी किताबों सा
बस तू है तुझसा शख़्स भी

जाने क्यूँ
तुम्हें बाँहों में समझता हूँ
मेरी बाँहों में
बस तू है तेरा इश्क़ भी

जाने क्यूँ

20

आपका नाम लिया तो

आपका नाम लिया तो
नाम आपसे जुड़ जायेगा
आँख में आने से पहले
ख़्वाब वापस मुड़ जायेगा

आप कहती तो
आपका नया नाम सोच लेते
यूँ ही साथ चलते चलते
हम नया आसमान खोज लेते

आसमान में आपका नाम उड़ा है
अब कहाँ चाँद उड़ पायेगा
आपका नाम लिया तो
नाम आपसे जुड़ जायेगा

आपका तो नाम भी
आपसे मिलता जुलता ही है
लबों पर आता है तो
दिल का राज खुलता ही है

राज खुल चुका है
अब कहाँ राज जुड़ पायेगा
आपका नाम लिया तो
नाम आपसे जुड़ जायेगा

आँख में आने से पहले
ख़्वाब वापस मुड़ जायेगा

21

मगर सबसे सुन्दर

ऊन के बादलों से
इक परछाई है झाँकती सी
कान में पहाड़ो के
बारिश हैं खाँसती सी

नीले रंग के बादल
सफेद रंग के बादल
मगर सबसे सुन्दर
तेरे रंग के बादल

साँवले चाँद पर
जब मतवाले बादल से थे
हमें लगा तुम हो
हम आधे पागल से थे

साँवले रंग के बादल
कजरारे रंग के बादल
मगर सबसे सुंदर
तेरे रंग के बादल

हल्के हल्के दागों से
सजधज कर चाँद आया
आसमानी नवाबों से
बच बचकर चाँद आया

चाँद को छूकर गुजरते बादल
पहाड़ पर गिरकर बिखरते बादल
मगर सबसे सुंदर
तेरे रंग के बादल

चुप रहकर आते बादल
कुछ कहकर जाते बादल
मगर सबसे सुंदर
तेरे रंग के बादल

22

चिट्ठी वाले घर

मेरे गाँव से मिट्टी लाती नहीं है
चिट्ठी अब घर से आती नहीं हैं

कागज़ पर जज़्बाती गहनें
अब पहन पाती नहीं है
चिट्ठी
मेरे घर से आती नहीं है

चिट्ठी आने पर
हम चिट्ठी पर हाथ फेरते थे
पढ़ने वाले को
हम सब इक साथ घेरते थे

वैसी महफ़िल
अब सज पाती नहीं है
चिट्ठी
अब घर से आती नहीं है

चिट्ठी लिखने वाला भी होना चाहिये
चिट्ठी पढ़ने वाला भी होना चाहिये
हाथ से चिट्ठी खींचकर
लड़ने वाला भी होना चाहिये

मगर अब वैसी
लिखाई पढ़ाई लड़ाई हो पाती नहीं है
चिट्ठी
अब घर से आती नहीं है

चिट्ठी
मुझे घर से आती नहीं है

23

बादलों में छिपे पहाड़ी गाँव

बादलों में छिपे पहाड़ी गांवों में
रात भर
इक बाघ टहलता है
रात भर
बाघ कई जान निगलता है

जब चाँद निकलता हैं
तब बाघ संभलता है
रात भर
पहाड़ पर टहलता है

बादलों में छिपे पहाड़ी गांवों मे

इक नन्ही बच्ची को
बाघ भूत बनकर डराता है
बच्चा भी सयाना है
बाघ की मूँछ खींचकर ही आता है

बादलों में छिपे पहाड़ी गांवों में

बाघ के भूत को
अभी अक्ल भी आनी है
जल्द ही बच्ची ने
बड़े की शक्ल ले आनी है

बादलों में छिपे पहाड़ी गांवों में

कुछ ऐसा भी समझ आता है
बाघ को बेज़ुबान समझा जाता है

पूँछ पकड़ने की सोची जाती है
बाघ को भी मेहमान समझा जाता है

बादलों में छिपे पहाड़ी गांवों में

बरसात ने अभी
नदियां भी बनानी है
नदी किनारे बाघ से मिलने
बाघिन भी तो आनी है

इस हरे पहाड़ पर
बकरी के बच्चों ने
अभी चरने से मुकरना है
क्योंकि
बाघिन के बच्चों ने बढ़ना है
और
भेड़ के बच्चों ने भी डरना है

बादलों में छिपे पहाड़ी गांवों में

कुछ और भी बाकी है
अभी परियों ने भी उतरना है
इन
बादलों में छिपे पहाड़ी गांवों में

और बाघ ने अभी मरना है

बादलों में छिपे पहाड़ी गांवों में

24

साँवली कुम्हारन

साँवली कुम्हारन

घड़े की जगह
चाँद चढ़ा ले चाक पर
देख फिर चाँद भी घूमता है
माटी तेरे हाथ की चूमता है

साँवली कुम्हारन

चल भरें
तेरा साँवलापन सफेद चाँद पर

साँवली कुम्हारन
कढ़े की जगह
चाँद चढ़ा ले हाथ पर

साँवली कुम्हारन
घड़े की जगह
चाँद चढ़ा ले चाक पर

चूड़ियों में फंसी मिट्टी
बाली पर लगा ले तो

खुदा भी
जन्नत में खिड़की बनवा ले

तेरी बाली देखने के लिये

माटी के गहनें गूँथते गूँथते
बैठे बैठे थक जाये तो
सच्ची भगवान भी सो जाये
तेरे ख़वाब देखने के लिये

मटकी उठाने के लिये
गिर जाये कच्चे घड़े पर
तुझे उठाने के लिये
कोई ना लड़े पर

सच्ची रब मजबूर हो जाये
चाँद को उम्रकैद देने के लिये

ना कलम टिक पाये
कबीर के हाथ में
ना भेड़ संभाली जाये
यीशू से

सच्ची एकदम सच्ची
साँवली कुम्हारन

नथ की जगह
चाँद चढ़ा ले नाक पर
घड़े की जगह
चाँद चढ़ा ले चाक पर

साँवली कुम्हारन

25

कश्मीरानी कला

चिनार से रूठकर
इक पत्ता आ गिरा
पहले बादल से घिरा
फिर डल में जा गिरा

थी चिनार तले
कश्मीरानी कला
केसर की क्यारी में
मेरा देश खिला

पशमीना में सजी
कश्मीरानी कला
केसर की क्यारी में
मेरा देश खिला

माटी पर फैला दी केसर
रखी पहाड़ पर सफेद रुई है
चाँद सजाने के लिये
ख़ुदा ने एक ही जमीन छुई है

कहवा चखती रही
कश्मीरानी कला
केसर की क्यारी में
मेरा देश खिला

डल पर उँगली फिराकर
दिल को लिखती रही
डल के पानी पर
खुद को दिखती रही

डल पर बहती दिखी
कश्मीरानी कला
केसर की क्यारी में
मेरा देश खिला

पशमीना में सजी
कश्मीरानी कला

26

चम्बा वाली रावी का चाँद

रावी पर चाँद दिखता सफेद है
पर रहता हलका सुनहरा है
सुनहरी धनक से
ज्यादा सुनहरा है

रावी की रंगत
चाँद सी ही लगती है
लहरों पर बर्फ बाँधकर
रावी छलछल छल चलती है

रावी का पानी लगता नहीं
मगर होता गहरा है
सुनहरी धनक से
ज्यादा गहरा है

चम्बा की रावी पर
काश ये चाँद गिर जाये
रावी का रंग
सफेद से सुनहरा पड़ जाये

मगर जितना भी सुना लो
चाँद होता ही बहरा है
सुनहरी धनक से
ज्यादा बहरा है

देखो ना
चाँद की परछाई भी
रावी पर बहती है
परछाई सारी रात
रावी पर रहती है

मैं जानना चाहता हूँ
रावी पर चाँद किसने बिखेरा है
सुनहरी धनक से
ज्यादा बिखेरा है

27

मेरा दोस्त आईने में रहता है

छूने पर काँच सा लगता है
मेरा दोस्त आईने में रहता है

मैं
मेरे कंधे पर हाथ रखता हूँ
वो भी अपने आप
मेरे कंधे पर हाथ रखता है

मुझे मेरी शक्ल सा लगता है
मेरा दोस्त आईने में रहता है

जब बूँदों की बौछारों से
पूरा आईना भीगने लगता है
मैं उससे कुछ सीखता हूँ
वो मुझसे सीखने लगता है

मेरी आँखों में झाँकता रहता है
मेरा दोस्त आईने में रहता है

मैं आईने पर हाथ फेरता हूँ
मेरा दोस्त शरमाया सा लगता है

मैं उसका शरमाना समझता हूँ
वो मेरा शरमाना समझता है

अकसर मेरे सामने रहता है
मेरा दोस्त आईने में रहता है

28

मैं लिखने जा रहा हूँ कुछ

ना बिखरना ऐ कागजों
मैं लिखने जा रहा हूँ कुछ
मैंने जो लिखा
कोई समझ ना सका

मैं समझने जा रहा हूँ कुछ

चाँद के चमकते पन्ने पर
किस रंग की स्याही इस्तेमाल करूँ
जो चाँद पर भी टिक जाये
किस रंग की स्याही इस्तेमाल करूँ

न सूखना ऐ स्याही अभी
मैं लिखने जा रहा हूँ चाँद पर कुछ

पानी के गीले पन्ने पर
किस किस्म की स्याही इस्तेमाल करूँ
जो पानी पर भी टिक जाये
किस किस्म की लिखाई इस्तेमाल करूँ

ना बहना ऐ पानी अभी
मैं लिखने जा रहा हूँ तुम पर कुछ

मैंने जो लिखा
कोई समझ ना सका

मैं समझने जा रहा हूँ कुछ

29

मेरा नाम मैंने सुना है

मेरा नाम
मैंने सुना है
तेरा ख़्वाब
मैंने चुना है

मेरे साथ
मैंने देखा है खुद को
तेरे पास
मैंने देखा है मुझको

मैं तो मुझमे हूँ ही नहीं
मै तो तुझमे ही हूँ कहीं

ऐसा मिज़ाज
मैंने बुना है
मेरा ख़्वाब
मैंने चुना है

मुझे मुझसे ज्यादा
मै समझता हूँ
मुझे सबसे ज्यादा
मै परखता हूँ

मेरा अंदाज़
तेरा चुना है
मेरा नाम
मैंने सुना है

30

अपने आप से होकर

अपने आप से होकर गुजरा हूँ मैं
मुझमे कुछ बचा ही नहीं है
कुछ ख़्वाब बचे थे
मगर ख़्वाबों का फ़लसफ़ा ही नहीं है

देखता रहता हूँ चाँद के शीशे में
कुछ दिखता ही नहीं है
चाँद के कागज़ पर
भगवान कुछ लिखता ही नहीं है

कागजों में
कुछ ख़्वाब बचे थे
मगर ख़्वाबों का फ़लसफ़ा ही नहीं है

दिन भर ढूँढता हूँ
चाँद कहीं दिखता ही नहीं है
रात के लिफ़ाफ़े में
चाँद कभी टिकता ही नहीं है

लिफाफों में
कुछ ख़्वाब रखे थे
मगर ख़्वाबों का फ़लसफ़ा ही नहीं है

अपने आप से होकर गुजरा हूँ मैं
मुझमे कुछ बचा ही नहीं है
कुछ ख़्वाब बचे थे
मगर ख़्वाबों का फ़लसफ़ा ही नहीं है

31

तुम ठीक ठाक हो

मैं ये नहीं सुनना चाहता था
मैं तुम्हें सुनना चाहता था
तुम ठीक ठाक हो
मैं तुमसे सुनना चाहता था

मैं तुम्हें तुम्हारे पैरों पर
चलता देखना चाहता था
ना कि चार कंधो पर
चढ़ता देखना चाहता था

मैं चाहता था
तुम उठकर एक बार बैठ जाओ
मैं चाहता था
तुम बैठे बैठे जब थक जाओ
तो करवट बदलकर वापस बैठ जाओ

मैं तुम्हें आराम से
सोता देखना चाहता था
ना कि इतने आराम से
सोता देखना चाहता था

मैं ये नहीं सुनना चाहता था
मैं तुम्हें सुनना चाहता था
तुम ठीक ठाक हो
मैं तुमसे सुनना चाहता था

32

बच्चें

बच्चें
तेरे घर पर आना मना है
संग में तेरे खाना मना है
कोशिश की तेरी याद में आये
याद में तेरी आना मना है

बच्चें
हम बात तेरी पर रोज झगड़ते हैं
चाँद खिड़की से रोज पकड़ते हैं

बच्चें
इस बैसाखी दे जाता बैसाखी
तू तो लौटाने आ गया राखी
माना अभी तेरे ख़्वाब हैं बाकी
पर अपने भी अरमान हैं काफी

बच्चें
आप तो हमको बोझ समझते हैं
हम चार कंधों से रोज उतरते हैं

बच्चें
चूल्हे घर में सर्द पड़े हैं
इनमें तूने दर्द भरे हैं
दरवाजे पर छोड़ने वाले
दर्द हमारे धन से बढ़े हैं

बच्चें
हम तोड़ के नभ से चाँद खाते हैं
फुलके भी अब घर में कम बनाते हैं

बच्चें
भीड़ में उसने कपड़ा उठाया
भीड़ में तुझको दूध पिलाया
पर बातें तू ये समझता नहीं है
माँ का दूध कहीं मिलता नहीं है

बच्चें
कुछ कहने की हमको छूट नहीं है
पर बच्चे हम कोई भूत नहीं हैं
जो तू हमसे डरने लगा है
आँखें हमारी पढ़ने लगा है

बच्चें
जब तू नंगा पैदा हुआ था
तेरी माँ ने तुझको छुआ था
तब भी तूने लात थी मारी
अब भी तूने लात ही मारी

बच्चें
कुर्सी पे अकेली बैठी रहती है बूढ़ी
हाथ में लेकर हलवा पूड़ी

मुझको उठाने अकेले ही आना
साथ में चार कन्धे मत लाना

बच्चें
तेरे आने का संदेशा
हमने बाँट दिया था
पर
तूने फ़ोन ही काट दिया था

सीधे मत कहना अब नहीं आना
अपनी माँ को झूठ बताना
बच्चें
अब तेरे दिल में हम तो नहीं हैं
पर हम तेरे दुश्मन भी नहीं हैं

इस बात का हमको ग़म ही सही है
तू दुश्मन से कम भी नहीं है

बच्चें
जैसे गया तू बन के दरिन्दा
वैसे ही आजा बन के परिन्दा
दरवाजे पर छोड़ने वाले
आकर दर्द को कर दे शर्मिन्दा

बच्चें
हमने दी थी ख़्वाब की कुर्बानियां
तब आयी तेरी जान में जवानियाँ

बच्चें
दिल की बातें तू समझता नहीं है
अब तू हमसे मिलता नहीं है

33

ख़्वाब नन्हा

गोदी में बैठा
ख़्वाब जो नन्हा
दिख गये मुझको
पापा मम्मा

इक गोद से उतरूँ
दूजी में जाऊँ
हाथों से माँ के
मैं चाँद खाऊ

आपकी दुआ से
हर ख़्वाब जन्मा

गोदी में बैठा
ख़्वाब जो नन्हा
दिख गये मुझको
पापा मम्मा

आप ही मेरे सब हैं
आप ही मेरे रब हैं
आप जो नहीं हैं
तो सब कुछ गलत है

मैं आप से ही ख़ुश हूँ
आप से ही तनहा

गोदी में बैठा
ख़्वाब जो नन्हा
दिख गये मुझको
पापा मम्मा

आप मेरे साथ हैं
पहले और बाद हैं
मेरे हर ख़्वाब की
आप शुरूआत हैं

आप के चरणों से
रिश्ता हैं मन का

गोदी में बैठा
ख़्वाब जो नन्हा
दिख गये मुझको
पापा मम्मा

34

मेरी रूह मेरा नहीँ मानती

मेरी रूह मेरा नहीं मानती
मुझमे है पर मुझे नहीं जानती

तू शाम को निकले चाँद सा दिखता है
हलका धुँधला है तू

बड़ी मुश्किल से आसमान में दिखता है
मुझसे छुपता है तू

तेरी रूह मुझे है मानती
तुझमे है पर मुझे है जानती

मुझे पुराने ख़्वाब सा परेशान करता है
ज़ेहन में रहता है तू

मेरे साथ ही मेरे साथ से डरता है
फिर भी साथ चलता है तू

मेरी रूह तेरा नहीं मानती
मुझमे है पर तुझे है जानती

मेरी रूह मेरा नहीं मानती
मुझमे है पर मुझे नहीं जानती

35

ख़्याल का बाशिन्दा

मैं ख़्याल का बाशिन्दा हूँ
तू पास है
तो मैं ज़िन्दा हूँ

हाँ लम्हा हूँ मैं
अगले लम्हे में जाने वाला हूँ
फिर अगले लम्हे में
लम्हा बनकर वापस आने वाला हूँ

इन्हीं लम्हों का बना परिन्दा हूँ
तू साथ है
तो मै ज़िन्दा हूँ

मैं ख़्याल का बाशिन्दा हूँ

तेरी आँखें देखती हैं जहाँ
वहाँ रिश्ते पनप जाते हैं
कुछ रिश्ते
बस फ़रिश्ते समझ पाते हैं

अपने इस रिश्ते पर
मै शर्मिन्दा हूँ
तू साथ है
तो मै ज़िन्दा हूँ

मैं ख़्याल का बाशिन्दा हूँ
तू पास है
तो मैं जिन्दा हूँ

36

कि ख़्वाब तुम्हारा

हम पास चलते तो हैं
साथ चलना आता ही नहीं
कि ख़्वाब तुम्हारा
मेरे ख़्वाब से जाता ही नहीं

दर्द मेरे दिल को
अन्दर से थप थपाता है
देखता हूँ तुमको
दिल आगे बढ़ जाता है

दिल तो बढ़ जाता है
मुझे बढ़ना आता ही नहीं
हाँ ख़्वाब तुम्हारा
मेरे ख़्वाब से जाता ही नहीं

तुम जानती हो
मैं मुझमे नहीं होता हूँ
पर मानती हो
तुम्हें देखकर कहीं खोता हूँ

मैं खो तो जाता हूँ
पर लौटना आता ही नहीं
हाँ ख़्वाब तुम्हारा
मेरे पास से जाता ही नहीं

हाँ ख़्वाब तुम्हारा
मेरे ख़्वाब से जाता ही नहीं

37

गीली पलकों वाली लड़की

गीली पलकों वाली लड़की
पतली सी तीली लगती है
तीली तो आधी जलती है
वो तीली से ज्यादा जलती है

गीली पलकों वाली लड़की

जिनसे भी बातें करती है
उन सबकी आँखें पढ़ती है

गीली पलकों वाली लड़की

उसको शादी की जल्दी है
चेहरे पर मलती हलदी है

गीली पलकों वाली लड़की

झूठ कहती है तो बच्ची लगती है
झूठ सहती है तो सच्ची लगती है

गीली पलकों वाली लड़की

कुल्लू को धर्मशाला समझती है
फुसी को छाला समझती है

गीली पलकों वाली लड़की

सोलन को शिमला समझती है
झोपड़ को बँगला समझती है

गीली पलकों वाली लड़की
पतली सी तीली लगती है
तीली तो आधी जलती है
वो तीली से ज्यादा जलती है

गीली पलकों वाली लड़की

38

ना चाँद ना

चाँदना चाँदना
आसमान छान ना
निकले कोई परी
तुझे मानकर आईना

कुछ तेरे लिए माँग ना
कुछ मेरे लिए माँग ना

चाँदना चाँदना
आसमान छान ना

चाँद सभी कायनातो का
तू अकेला ही गहना है
तुझको तो
नभ बादल अँधेरे ने पहना है

कभी आसमानी गहना
मुझ पर भी चमका ना

चाँदना चाँदना
आसमान छान ना

अगर हस दे कोई परी
तुझे मानकर आईना
उसके पँख
नहीं रे बाँधना

चाँदना चाँदना
आसमान छान ना

39

ऐ खिलती कली

दो जहाँ
ख़्वाब में मिल रहे हैं
दो कमल
प्यार में खिल रहे हैं

ऐ खिलती कली
झट से छुप जा कहीं

भँवरे बाग में उड़ रहे हैं

इस साँवरे को
इश्क़ की सजा दो
इस बावरे को
ज़ुल्फ़ की पनाह दो

जिस आरज़ू से इश्क़ जवां हो
उस आरज़ू को दिल में पनाह दो

बस
चाँद ही इधर निकल रहे हैं

दो जहाँ
ख़्वाब में मिल रहे हैं

ऐ खिलती कली
झट से छुप जा कहीं

भँवरे बाग में उड़ रहे हैं

इश्क़ ने
भँवर को छुआ है
फूल में
जो भँवर छुप रहा है

वादियों में इश्क़ जो उड़ा है
इश्क़ में ही भँवर उड़ रहा है

इक ख़्वाब
दो दिल समझ रहे हैं
दो जहाँ
ख़्वाब में मिल रहे हैं

ऐ खिलती कली
झट से छुप जा कहीं

भँवरे बाग में उड़ रहे हैं

40

मैं तुम्हारा आदी नहीं

अच्छे से ख़्वाब
अच्छी सी नींद में पनपते हैं
बाँहों में अब
हमेशा तुम्हें समझते हैं

मैं मुझमे बाकी नहीं
या बाकी भी हूँ
मैं तुम्हारा आदी नहीं
पर आदी भी हूँ

दो जिस्मों की नींद में
दो रूहों के इश्क़ पनप गये
लबों से हम
एक दूजे को समझ गये

मैं मुझसे राजी नहीं
या राजी भी हूँ
मैं तुम्हारा आदी नहीं
पर आदी भी हूँ

41

आँखों को थोड़ा बंद तो कर

आँखों को थोड़ा बंद तो कर
पलकों से थोड़ा तंग तो कर

माँझे की बनी है मिसरी हवा
इन हवाओं से कटने का है डर

आँखों को थोड़ा बंद तो कर
पलकों से थोड़ा तंग तो कर

उड़ते हैं खिड़की पर जुगनू सभी
जैसे लगा हो छोटे चाँद को पर

आँखों को थोड़ा बंद तो कर
पलकों से थोड़ा तंग तो कर

42

सब कुछ ही गलत है

सब कुछ ही गलत है
है सब कुछ ही सही
सब हाँ कहते हैं
सब कहते हैं नहीं

नैनों से चाँद तो दिखता है
पर दिखती नहीं चाँद की जमी
सब कुछ ही गलत है
है सब कुछ ही सही

ज़िंदगी की शतरंज पर है
रंगों की कमी
दो रंगों से ज़िंदगी
बनती नहीं

सब कुछ ही गलत है
है सब कुछ ही सही

फूलों की महक में
ना ही टहल

तेरी खुशबू की कर लेंगे
फूल नक़ल

खुशबूओं से खुशबू
कभी छनती नहीं
सब कुछ ही गलत है
है सब कुछ ही सही

चाँद से जो गिरे थे
ख़्वाब कभी
काश आप बटोर लें
आज अभी

सब कुछ ही गलत है
है सब कुछ ही सही

खुशबू के लिबास में
महफ़ूज़ है तू
खुशबूओं की भी
महबूब है तू

रात रेशम की
बंद हो गयी
नजरों से किसी की
तू तंग हो गयी

सब कुछ ही गलत है
है सब कुछ ही सही

43

कभी कभी अक्सर परछाई

कभी कभी अक्सर
परछाई को छांव से डर लगता है
फिर भी मगर
परछाई को छांव में घर लगता है

अकेला ही गुजरता रहता है
कहते हैं कि चाँद है
मगर नाराज़ है
सफ़ेद किरनों का बाँध है

क्या कभी कोई
चाँद की परछाई पर नज़र रखता है

कभी कभी
परछाई को छांव से डर लगता है

मटमैला सा दिखता है
समझने को बादल है
पर गठरी है आवाज़ की
और छुपा हुआ जल है

क्या कोई पहाड़ पर
बादल की परछाई पकड़ सकता है

कभी कभी
परछाई को छांव से डर लगता है

नाव भी
नींद में चलती रहती है
थिरकती है दरिया पर
झील पर सिसकती रहती है

क्या कोई कभी
नाव की आवाज़ समझ सकता है
कभी कभी
परछाई को छांव से डर लगता है

44

बस नाम रह जाते हैं

हाथों पर
हाथों के निशान रह जाते हैं
जाने वालों के
बस नाम रह जाते हैं

जिन्हें हाथों पर हाथ ना महसूस हुए
उनकी आँखों में
अनचाहे ख़्वाब रह जाते हैं

मुलाक़ात तो हो गयी
पर मिलना अभी भी बाकी है
हमें तो आपका
हाथ पर हाथ रखना भी काफी है

लम्हों को सिल सिलकर
वक़्त की चादर सिल पाते हैं
जाने वालों के
बस नाम रह जाते हैं

चाँद के बहाने
सारी रात चलते रहते हैं

रात भर चलकर के
चाँद से मिलते रहते हैं

फिर भी
चाँद चूमने के अरमान रह जाते हैं
जाने वालों के
बस नाम रह जाते हैं

45

सुन बारिश सुन

लाखों बूँदों से मिलकर
फुहार बारिश की बनती है
सब सुनते हैं तुझे
तू सबकी ख़्वाहिश सुनती है

सुन
मेरी भी ख़्वाहिश सुन
सुन बारिश सुन

जब तेरी नदी बन जाएगी
एक बूढ़ी आयेगी
झुर्रियां हटवाना चाहेगी
उसकी झुर्रियां मिटा
उसके पैरों से मिट्टी हटा

सुन बारिश सुन

जब तुझ पर नाव आयेगी
इक बच्ची भी आयेगी
तुझे आईना बनायेगी

उसको चाँद दिखा
उसका नाम बता

सुन बारिश सुन

जब तू बेमौसम आयेगी
इक दुल्हन आयेगी
कंगना बजायेगी
उसका कंगन खनका
मुझे खनक उसकी सुना

46

पहाड़ के धुँए

पहाड़ के धुँए सुन
बादल के छुए सुन

धुँए धुँए
किसी बदली के रंग सा लगता है
पहाड़ो पर बदली बनकर चलता है

धुँए धुँए
किसी बदली के रंग सा लगता है
पहाड़ो की धनक पर टहलता है

धुँए धुँए
इन उड़ने वाले
बेचारे पंछियों को रास्ता दिखा देना
इन भोले भालो को
पहाड़ो से टकराने से बचा लेना

धुँए धुँए
तू दरख़्तों से होकर भी तो गुजरता है
इन दरख़्तों पर भी तो पंछी उतरता है

उन्हें पेड़ो पर से गिरने से बचा लेना
गिर जाये तो इनको दवा देना

धुँए धुँए
एक बेचारी चिड़िया
इस बदलते मौसम से डरती है
बारिश में
थोड़ा डर डर कर उड़ती है

उसे पंछियों के झुंड से मिला देना
उसे अकेले मरने से बचा लेना

पहाड़ के धुँए सुन
बादल के छुए सुन

47

बूँदों की परी

घाटी पर नीली काली स्याही घिरी
घाटी में उड़ी बूँदों की परी

आंधी से सजी मौसम की दरी
घाटी में उड़ी बूँदों की परी

बारिश के गहनों ने
घाटी दुल्हन बना दी है
मेघा के प्यालों ने
रिमझिम लगा दी है

आ गयी पत्तो की डोली
बादल ने पा ली है बोली

घाटी में उड़ी बूँदों की परी

चाँद जब दरिया में गिरा
चांदी बनी
धूप शर्माती बारिश की
साथी बनी

पलकों से बाँधी है डोरी
नाग सुनना चाहें लोरी

घाटी में उड़ी बूँदों की परी

48

इक लाठी वाले फ़ौजी ने

इक लाठी वाले फ़ौजी ने
बात आज़ादी की सोची थी
गुलामी करती मिटटी में
झाड़ी आज़ादी की रोपी थी

संत थे वो लाठी वाले
चरखे वाले फ़ौजी थे
आज़ादी की जाति वाले
भारत देश के खोजी थे

ना माथे पर गुस्सा था
ना पैरों में कोई छाला रे
अहिंसा उनकी मुक्का था
थी लाठी उनकी भाला रे

चरखे पर सिल सिल के
भारत माँ को इज़्ज़त सौंपी थी
इक लाठी वाले फ़ौजी ने
बात आज़ादी की सोची थी

लाठी उनसे चलती आगे
वो लाठी के आगे रे
लाठी की ठक ठक से
जाने कितने सोये जागे रे

खादी के कपड़ो से
नदियां आँखों की पोंछी थी
इक लाठी वाले फ़ौजी ने
बात आज़ादी की सोची थी

ना उतरी थी ऐनक उनकी
ना गूँजी कोई चीख रे
राम अल्लाह करने वाले
हिम्मत उनसे सीख ले

दुबले पतले चीते ने
शक्ति विकलांगों में झोंकी थी

इक लाठी वाले फ़ौजी ने
बात आज़ादी की सोची थी
गुलामी करती मिटटी में
झाड़ी आज़ादी की रोपी थी

49

सतरंगे देश तिरंगे

मेरे देश के रंग सतरंगे
सतरंगे देश तिरंगें

तितली के पंखों पर
बारिश का हाथ फिर जाये
बहते हुए रंगों से
माटी पे ख़्वाब बिछ जाये

रब ने बिछाये माटी पे गहनें
सब मस्तक पर माटी पहनें
मेरे देश के रंग सतरंगे
सतरंगे देश तिरंगें

जो बादल भारत से गुजरे
हर मौसम यहीं पे ठहरे
नीले काले आँचल पर
लगते हैं धूप के पहरे

कभी बंशी से घुँघरू खनकते
कभी कमल पे जुगनू चमकते
मेरे देश के रंग सतरंगे
सतरंगे देश तिरंगें

जादू की पिटारी
दादी नानी से खुलवाते हैं
कुछ ना कहे कोई भी
पर समझ तो सभी जाते हैं
कि
यहीं खुदा भगवान में बसते
भगवान खुदा में बसते

मेरे देश के रंग सतरंगे
सतरंगे देश तिरंगें

50

मुहाजिर का मकान

एक ख़ूनभरी शाम से
सरहद पर गिरे मुहाजिर को
अपना मकान दिख रहा है
बेवतन हुए मुसाफिर को
मुहाजिर को अपना मकान दिख रहा है

कहानी थोड़ी सी है
लकीर के दोनों और की है
ख़ून से कटे मोड़ की है
कुछ गलत नहीं किया
बस एक मुल्क से
दूसरे देश को दौड़ की है

धक्के से गिरे मुहाजिर को
कुएँ में चाँद दिख रहा है
वो पानी पर उंगली से
घर का नाम लिख रहा है
मुहाजिर को मकान दिख रहा है

गीत छोटा सा है
टूटी चूड़ियों फटे दुपट्टों छिनी आबरू

से भरे एक संदूक का है
घूँघट चुनरी
और माँ की रसूख का है
दुल्हन से पोशाक छीनने वाली
एक बंदूक का है

एक मुहाजिर
हिंदुस्तान पाकिस्तान का नया नाम
क़ब्रिस्तान लिख रहा है

मुहाजिर को अपना मकान दिख रहा है

51

मेरे खून की आदत नहीं

सरहद पर छुप छुपकर बहने की
मेरे खून की आदत नहीं
दुश्मन से छुप छुपकर लड़ने की
मेरे खून की आदत नहीं

मेरे जुनून में है बूँद ए खून
मेरे खून में है बूँद ए जुनून

है मेरे खून की आदत यही
है मेरे जुनून की आदत यही

अपनी बाजुओं में
देश की ताक़त का हो गया आगाज़ है
हम फौजियो ने
देश की हालत का कर दिया इलाज है

गगन से गिर गिर के मिटने की
मेरे खून की आदत नहीं
सरहद पर छुप छुपकर बहने की
मेरे खून की आदत नहीं

हाँ वीर हूँ मैं वीर था
वीर मेरे सरहदों के दोस्त हैं
हाँ तीर हूँ मै तीर था
तीर पर दुश्मनों के गोश्त हैं

मन में रुक रुक कर सहने की
मेरे खून की आदत नहीं
सरहद पर छुप छुपकर बहने की
मेरे खून की आदत नहीं

52

एक ज़िंदगी है

एक ज़िंदगी है
निकल जायेगी
मैं संभलूँगा
ये भी संभल जायेगी

मैं मिट्टी पर नहीं उग सका
मुझे पत्थर पर खिलना सिखायेगी
एक ज़िंदगी है
निकल जायेगी

मै किसान सा सच्चा हूँ
ये मुझे हल चलाना सिखायेगी
एक ज़िंदगी है
निकल जायेगी

मै कुछ नहीं समझ सका
मुझे सब कुछ समझना सिखायेगी
एक ज़िंदगी है
निकल जायेगी

मै फौजी के जैसे लड़ूँगा
ये मुझे जीतना सिखायेगी
एक ज़िंदगी है
निकल जायेगी

मै मेरे साथ बैठूँगा
ये भी मेरे पास चली आयेगी
एक ज़िंदगी है
निकल जायेगी

इसकी शरारत समझता हूँ मै
ये मुझे सहना सिखायेगी
एक ज़िंदगी है
निकल जायेगी

इसकी बग़ावत समझता हूँ मै
ये मुझे डर से निपटना सिखायेगी
एक ज़िंदगी है
निकल जायेगी

मै हमेशा चलता रहूँगा
ये अपने आप चली जायेगी
एक ज़िंदगी है
निकल जायेगी

मै संभलूँगा
ये भी संभल जायेगी

53

मेरी जीत निश्चित है

मेरे लक्ष्य पथ पर
मेरा मन एकचित्त है
इसलिये
मेरी जीत निश्चित है

हो सकता है
मै जीत ना पाऊँ
मगर नहीं हो सकता
की मै हार जाऊँ

सदा सर्वदा संघर्ष
में ही मेरा हित है
इसलिये
मेरी जीत निश्चित है

हो सकता है
मै सब कुछ ना समझ पाऊँ
मगर नहीं हो सकता
की मै कुछ भी ना समझ पाऊँ

मैं ईश्वर के न्याय से परिचित हूँ
ईश्वर मेरे अध्याय से परिचित है
इसलिये
मेरी जीत निश्चित है

मेरे लक्ष्य पथ पर
मेरा मन एकचित्त है
इसलिये
मेरी जीत निश्चित है

मेरी जीत निश्चित है

परिचय

सनी चन्देल भारत के उभरते हुए नये लेखक गीतकार हैं व काँगड़ा हिमाचल प्रदेश से तालुक्कात रखते हैं। 3 मई 1994 को जन्में सनी ने आठ साल की बेहद कम उम्र से ही लिखना शुरू कर दिया था।

गीत साहित्य के प्रति उनकी रुचि स्कूल के दिनों से ही, फिल्मी गीत सुनते सुनते और हिन्दी कवितायें पढ़ते पढ़ते उत्पन्न हुई थी। उनकी पहली कविता 2006 में पहली बार ,हिमाचल के एक बाल अखबार में प्रकाशित हुई थी। एक गीतकार के रूप में, उनका पहला गीत चाँदना एक्सप्रेस, आर्टिस्ट अलाउड/ हंगामा द्वारा रिलीज़ किया जा चुका है। उनका अधिकांश बचपन व विधार्थी जीवन काँगड़ा, चंडीगढ़ एवं कानपुर में बीता।

वह बचपन से ही आनंद बख्शी जी, जावेद अख्तर साहब, गुलज़ार साहब,बच्चन जी व रस्किन बांड, जे के रोलिंग और अनुपम सिन्हा जी के बड़े प्रशंसक रहे हैं।

फ़िलहाल वह हिन्दी भाषा में, अपना पहला सुपर हीरो नॉवल लिखने की तैयारी कर रहे हैं।

Facebook address
https://www.facebook.com/Sunnychandel1313/

Instagram address
I'm on Instagram as @sunny03594